Pongámonos en marcha

EL PATIO DE LA ESCUELA

Katherine Balcom

www.av2books.com

El enriquecido libro electrónico AV² te ofrece una experiencia bilingüe completa entre el inglés y el español para aprender el vocabulario de los dos idiomas.

This AV² media enhanced book gives you a fully bilingual experience between English and Spanish to learn the vocabulary of both languages.

Spanish   **English**

Navegación bilingüe AV²
AV² Bilingual Navigation

CERRAR
CLOSE

INICIO
HOME

CHANGE LANGUAGE
OPCIÓN DE IDIOMA
LANGUAGE TOGGLE

CAMBIAR LA PÁGINA
PAGE TURNING

VISTA PRELIMINAR
PAGE PREVIEW

El patio de la escuela

ÍNDICE

El patio de mi escuela es un lugar donde puedo hacer actividades y ejercicios físicos.

Hacer actividad física en la escuela me ayuda a aprender mejor en clase.

5

Usamos el patio de la escuela para hacer educación física.

La educación física se ha enseñado en las escuelas estadounidenses desde hace casi 200 años.

Cuando está lindo afuera, hacemos educación física en el patio de la escuela en lugar de usar el gimnasio.

Mi profesor nos
enseña nuevas
formas de usar
los músculos.

El atletismo es parte de nuestra educación física.

El profesor evalúa nuestra aptitud física.

En el recreo, me gusta jugar al básquet en las canchas de básquet.

Me gusta practicar el dribleo con la pelota.

13

Muchas veces, voy al patio de la escuela antes del horario de clases.

Después de la
escuela, me gusta
jugar carreras
con mis amigos
para ver quién es
el más rápido.

Me gusta jugar con mis amigos en el patio de la escuela.

Puedo saltar a la soga o jugar a la rayuela con mis amigos.

En el fin de semana, mi equipo de fútbol practica en el patio de la escuela.

Mi equipo aprende a mejorar trabajando todos juntos.

19

El patio de la escuela es un lugar donde puedo aprender y hacer actividades al mismo tiempo.

¿Qué has aprendido sobre el patio de la escuela?

¿Cuál de estas imágenes muestra un patio de escuela?

¡Visita www.av2books.com para disfrutar de tu libro interactivo de inglés y español!

Check out www.av2books.com for your interactive English and Spanish ebook!

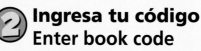

1 **Entra en www.av2books.com**
Go to www.av2books.com

2 **Ingresa tu código**
Enter book code

`C 4 6 7 2 3 2`

3 **¡Alimenta tu imaginación en línea!**
Fuel your imagination online!

www.av2books.com

Published by AV² by Weigl
350 5th Avenue, 59th Floor New York, NY 10118
Website: www.av2books.com   www.weigl.com

Library of Congress Control Number: 2014950014

ISBN 978-1-4896-2811-4 (hardcover)
ISBN 978-1-4896-2812-1 (single-user eBook)
ISBN 978-1-4896-2813-8 (multi-user eBook)

Printed in the United States of America in North Mankato, Minnesota
1 2 3 4 5 6 7 8 9 0 18 17 16 15 14

112014
WEP020914

Project Coordinator: Jared Siemens
Spanish Editor: Translation Cloud LLC
Designer: Petr Stroner

Weigl acknowledges Getty Images as the primary image supplier for this title.